Ethik 1|2 | Die **Welt** und ich mittendrin

Herausgeberin
Birgit Groschupp

Erarbeitet von
Birgit Groschupp
Silke Nitschel
Diane Rothe

Diesterweg

Inhalt

Ich im Wir 4

Das bin ich 4
Über mich 5
Das kann ich 6
So bin ich 7
Jeder ist einmalig 8
Behinderungen 9
Alle gemeinsam 10
Meine Gefühle 11
Von der Angst 12
Vom Nein-Sagen 13
• Über Gefühle nachdenken 14
• Gefühle sind wie Farben 15

Miteinander 16

Ich mittendrin 16
Familien sind verschieden 17
Zusammenleben in der Familie 18
Miteinander und füreinander 19
Aufeinander verlassen 20
Geborgenheit 21
Eine Wohlfühlschule 22
• Schule, ein Lernort weltweit 23
• Das lerne ich 24
Regeln im Miteinander 25
Umgangsformen 26
Streitgedanken 27
• Meine Schulklasse 28
• Wir halten zusammen 29
• Unser Kalender 30/31

• Wahlpflicht in Sachsen

Voneinander 32

Wir feiern viele Feste im Jahr   32/33
Geburtstag feiern   34
Erntedank   35
• Sankt Martin   36
• Vom Teilen   37
Wir feiern Advent   38/39
Nikolaus – ein Freund der Kinder   40/41
Die Weihnachtsgeschichte   42/43
Silvester und Neujahr   44
• Fasching   45
Die Natur erwacht   46
Ostern   47

Wir in der Welt 48

Große Wunder   48
Kleine Wunder   49
Eine Welt zum Staunen   50/51
Der Kreislauf des Lebens   52
Werden, Wachsen und Vergehen   53
Das Jahr genießen   54/55
Bäume leben   56
Ein Riese warf einen Stein   57
Sonne, Mond und Sterne   58
Eine Reise zum Mond   59
• Sonnenwerkstatt   60
• Wie gut, dass es die Sonne gibt   61

Meine Schätze 62

Ich im Wir

Das bin ich

Genauso wie du ist kein anderer.
Dein ICH macht dich zu einer besonderen Person.

1 Betrachte dich im Spiegel. Was kannst du sehen?

2 Doch längst nicht alles, was dein ICH ausmacht,
 kannst du im Spiegel sehen:

 Wie heißt du?   Was magst du?   Wie verbringst du deine Freizeit?

Über mich

Du musst nicht in den Spiegel schauen, um zu wissen,
ob du ein Mädchen oder ein Junge bist.

1 Ordne. Was stellst du fest?

2 Womit spielst du gerne? Was ziehst du am liebsten an?

Das kann ich

Ich kann rennen,
tanzen, springen,
kann ein Lied
mit sieben Strophen singen.

Ich kann weinen
und kann lachen,
kann Handstand und
ein bisschen Salto machen.

Ich kann verstehen,
was du meinst,
kann dich trösten,
wenn du weinst.

Anne Steinwart

1. Seit du geboren bist, hast du viel gelernt. Was kannst du besser als ein Kind im Kindergarten?
2. Was willst du noch lernen? Wer kann dir dabei helfen?
3. Gibt es etwas, das du besser kannst als deine Eltern?

> Jeder kann etwas besonders gut, aber keiner kann alles.

Einblick gewinnen in die Unterschiedlichkeit menschlicher Eigenheiten
AH 1, Seite 5; AH 2, Seite 5

So bin ich

Zu deinem ICH
gehören Merkmale,
die man **sehen** kann.
Du hast auch Eigenschaften,
die man **nicht immer sehen** kann.

1 Betrachte das Bild. Welche Merkmale und Eigenschaften entdeckst du?

2 Wie bist du?

3 Vervollständige:
Ich finde an mir gut, …
Das möchte ich an mir verändern: …

Jeder ist einmalig

Kein Kind auf der Welt
hat Augen so wie deine.
Manche sind braun, andre ganz blau,
die deinen sind einzig.
Dich gibt es nur einmal auf dieser Welt.

Kein Kind auf der Welt
hat eine Stimme wie deine.
Ob lachend, ob singend,
deine Stimme klingt wie sonst keine.
Dich gibt es nur einmal auf dieser Welt.

Kein Kind auf der Welt
kann lächeln so wie du.
Dein Gesicht strahlt, wenn du dich freust.
Dein Lachen gehört dir ganz allein.
Dich gibt es nur einmal auf dieser Welt.

Juliane Dauksch

1 Kein Kind auf der Welt ist so wie du.
Denn du bist einmalig.
Vervollständige die Sätze:
Ich bin …
Ich kann …
Manchmal möchte ich …

Behinderungen

Jeder Mensch ist einzigartig.
Doch es gibt Menschen,
die fallen auf, weil sie anders sind.

Es gibt Menschen,
die nicht sprechen können.
Manche verhalten sich anders,
als man es erwartet.
Anderen fällt es schwer,
etwas zu lernen.
Das sind Menschen mit
Behinderungen.

1 Woran erkennst du das **Anderssein**?

2 Wie gehst du damit um?

Alle gemeinsam

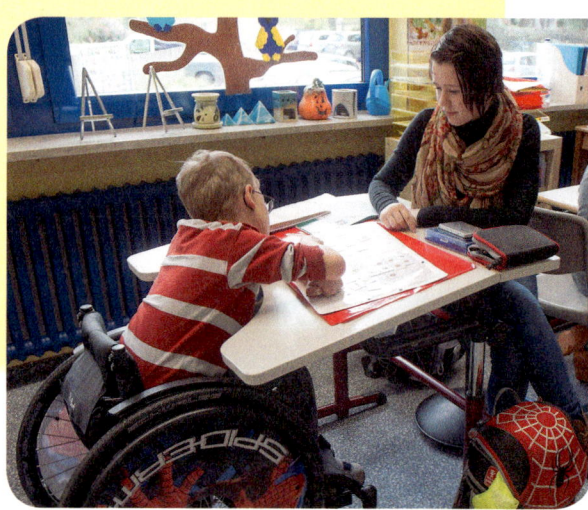

1. Finde heraus, ob in deiner Schule Kinder mit Behinderung lernen. Welche Hilfe benötigen sie?

2. Alle Kinder brauchen beim Lernen Hilfe. Wann brauchst du Hilfe? Wer hat dir schon einmal geholfen?

> Wir machen viele Dinge gemeinsam, aber nicht immer dasselbe.

Meine Gefühle

Jeder Mensch erlebt unterschiedliche Gefühle. Gefühle drücken aus, wie es in unserem Inneren aussieht. Das kannst du am Gesichtsausdruck und der Körperhaltung erkennen.

| stolz | fröhlich | zornig |

| traurig | wütend | albern |

1 Wie fühlen sich die Kinder auf den Bildern?

2 Hast du schon Ähnliches erlebt? Erzähle.

3 Suche dir eine Situation aus. Was möchtest du dem Kind sagen?

4 Haben alle Menschen die gleichen Gefühle?

Einblick gewinnen in die Vielzahl persönlicher Eigenschaften und Gefühle
AH 1, Seite 9; AH 2, Seite 8

Von der Angst

Gefühle sind lebenswichtig. Sie schützen uns vor Gefahren.
Am deutlichsten warnt uns die Angst. Sie hilft uns, vorsichtig zu sein.

1 Betrachte die Bilder.
  Warum ist Angst haben manchmal gut?

Die Angst kann man spüren:

Du zitterst.

Dir wird übel.

Dir ist schwindelig.

Schweiß bricht aus.

Deine Hände sind eiskalt.

Dein Herz schlägt schneller.

2 Wovor hast du Angst?

3 Wo spürst du deine Angst?

Einblick gewinnen in die Vielzahl persönlicher Eigenschaften und Gefühle
AH 2, Seite 9

Vom Nein-Sagen

Du darfst laut und deutlich „Nein, das will ich nicht!" sagen, wenn du etwas nicht willst oder ein ungutes Gefühl hast.

1. Warum ist es wichtig, in diesen Situationen nein zu sagen?
2. Finde weitere Beispiele: Wann sagst du nein? Warum?
 3. Übt in einem Rollenspiel laut „Nein, das will ich nicht!" zu sagen.

Ich fühl mich gar nicht klein, ich sage ganz laut NEIN.

Sich positionieren zu eigenen Eigenschaften, Fähigkeiten und Beeinträchtigungen
AH 2, Seite 10

Über Gefühle nachdenken

1 Hilf den Kindern, die Wortkarten zu sortieren.

2 Finde die Gegensätze:
geborgen — einsam
fröhlich — …

Gefühle

Gefühle sind wie Farben

1 Betrachte die Bilder.
Wie wirken die Farben auf dich?

Wut Freude Traurigkeit

Achte auf deine Gefühle, denn sie werden zu Gedanken.

2 Ordne die Gefühle den Farben zu. Warum entscheidest du so?

Gefühle

Miteinander

Ich mittendrin

1 Welche Menschen sind dir wichtig? Begründe.

2 Für wen bist du wichtig? Warum?

Familien sind verschieden

1 Welche Fotos zeigen eine Familie? Begründe.

2 Welche Unterschiede entdeckst du?

3 Stell dir vor, du kannst einen Tag mit einer dieser Familien verbringen. Was erlebst du?

Zusammenleben in der Familie

Eine Familie kann man sich nicht aussuchen.
Du wirst in sie hineingeboren.
Eine Familie kann unterschiedlich zusammengesetzt sein.
Doch ganz gleich, wie viele Personen dazu gehören
und ob alle miteinander verwandt sind, wichtig ist:

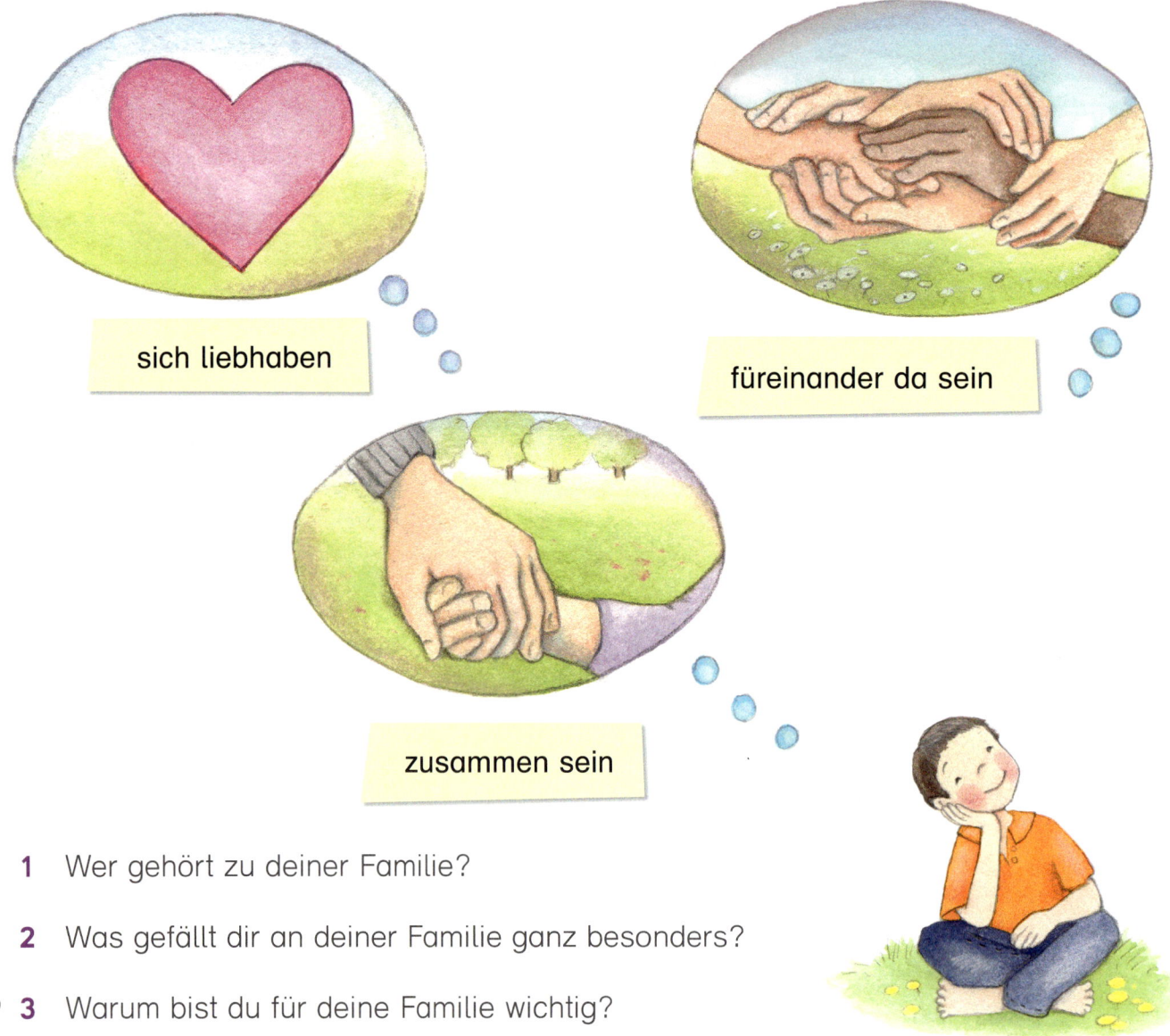

sich liebhaben

füreinander da sein

zusammen sein

1 Wer gehört zu deiner Familie?

2 Was gefällt dir an deiner Familie ganz besonders?

3 Warum bist du für deine Familie wichtig?

Einblick gewinnen in verschiedene Formen des gemeinschaftlichen Lebens
AH 1, Seite 11; AH 2, Seite 12

Miteinander und füreinander

1. Was unternimmst du mit deiner Familie?

2. Was ist dir besonders wichtig?

3. Finde gute Gründe:
   In meiner Familie
   darf es auch Streit geben,
   weil …

Vertauschte Rollen

Ich bin heute du, Mama.
Du bist ich, der Til.
Komm – wir rennen um die Wette!
Klar, dass ich gewinnen will.

Ach, nun warst du doch viel schneller.
Ich bin traurig – tröste mich!
Oje, ich hätt´ es fast vergessen:
Ich bin doch du und du bist ich.

 4 Gefällt Til der Rollentausch? Begründe.

 5 Stell dir vor, du bist einen Tag lang deine Mutter oder dein Vater. Was würdest du am liebsten tun?

Aufeinander verlassen

1. Finn kann sich darauf verlassen, dass Papa pünktlich ist. Auf wen kannst du dich verlassen? Begründe.

2. Wer kann sich auf dich verlassen? Warum?

3. Was bedeutet es, sich auf jemanden verlassen zu können?

Geborgenheit

- **g**eliebt
- **e**ntspannt
- **b**eschützt
- w**o**hlfühlen
- siche**r**
- **g**ut aufgehoben
- b**e**hütet
- zufriede**n**

1. Sich geborgen fühlen ist ein wunderbares Gefühl. Welche Bilder zeigen Geborgenheit? Begründe.

2. Vervollständige: Ich fühle mich geborgen ...

Kennen der sozialen Erfahrungen Geborgenheit und Verlässlichkeit
AH 1, Seite 12; AH 2, Seite 14

Eine Wohlfühlschule

Diese Schule entwarf der Künstler Friedensreich Hundertwasser.
Seine Bauwerke fallen auf, denn sie sind farbenfroh und einzigartig.
Er wollte, dass sich die Menschen
in seinen Häusern wohlfühlen und Freude erleben.

Friedensreich Hundertwasser,
geboren am 15.12.1928,
gestorben am 19.02.2000

1 Betrachte das Bild. Erzähle:
   Ich sehe …   Mir fällt auf …   Ich frage mich …   Ich vermute …

2 Ist deine Schule eine **Wohlfühlschule**? Begründe.

3 Stell dir eine Schule vor, in der sich alle Kinder wohlfühlen.
   Was gehört deiner Meinung nach unbedingt dazu?

Einblick gewinnen in verschiedene Formen des gemeinschaftlichen Lebens
AH 1, Seite 13

Schule, ein Lernort weltweit

Schule in Afrika

Mädchenschule im Iran

Schule in der Mongolei

Schule in China

1 Betrachte die Fotos der verschiedenen Schulen. Was ist dir fremd, was ist dir vertraut?

2 Stell dir vor, du könntest für eine Woche an einer dieser Schulen lernen. Welche würdest du wählen? Begründe.

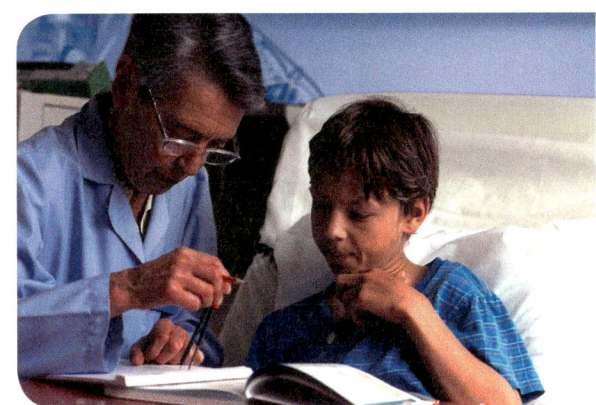

Klinikschule

Das lerne ich

… in der Familie

… in der Schule

lesen grüßen Instrument spielen

singen rechnen malen

Rolle vorwärts helfen

aufräumen zuhören Ranzen packen schreiben

1   Ordne die Wortkarten dem Lernort zu.
    Tausche dich mit einem Partner aus.

Regeln im Miteinander

1 Beschreibe die Situationen auf den Bildern. Welche Regeln könnten hier helfen?

2 Welche Regeln gibt es in deiner Klasse?

 3 Wie trägst du zu deren Einhaltung bei?

> Behandle andere so, wie du selbst gern behandelt werden möchtest.

Sich positionieren zum Zusammenleben in der Klassen- und Schulgemeinschaft
AH 1, Seite 14; AH 2, Seiten 15, 16

Umgangsformen

Gern

Verzeihung

Ich möchte bitte

Danke

Entschuldigung

Guten Tag

Bitte

Auf Wiedersehen

Wie geht es dir?

1 **Höflich sein**, was verstehst du darunter?

2 Betrachte die Bilder und die Wortkarten. Vervollständige den Satz:
Höfliche Kinder …

3 Spiele eine Situation mit einem Partner nach.

Streitgedanken

Streit gehört zu unserem Leben.
Menschen sind häufig
unterschiedlicher Meinung.
Dies kann zu einem Streit führen.
Der alte griechische Dichter Hesiod unterschied
zwei Arten von Streit:
einen guten und einen bösen Streit.

Der gute Streit bereichert unser Zusammenleben – der böse Streit ist zerstörend.

Gut streiten heißt für uns,
dem anderen zuhören,
ihn ausreden lassen,
keine Schimpfwörter benutzen
und keine Gewalt anwenden.

1 Es ist gut, wenn ein Streit mit einer Versöhnung endet.
Aber das ist nicht immer so.
Stellt die Situation in einem Standbild nach.
Wie hast du dich dabei gefühlt?

Übertragen der Kenntnisse über soziale Erfahrungen auf Verhaltensweisen in der Schule
AH 1, Seite 16; AH 2, Seite 17

Meine Schulklasse

"Ich gehe gerne in die Schule, weil …"

"Wenn …, dann gehe ich nicht gerne in meine Klasse."

"Ich lerne gerne in meiner Klasse, weil …"

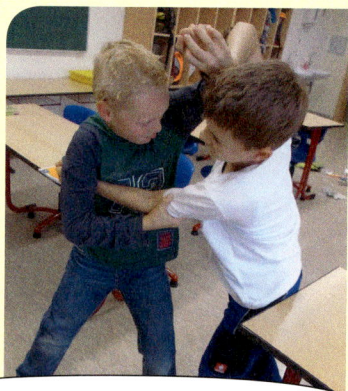

"Wenn …, dann bin ich nicht gerne in der Schule."

Wenn auf dem Hof die Großen,
uns Kleine immer stoßen,
dann wär ich gerne auf dem Mond,
denn der ist unbewohnt.

Angela Sommer-Bodenburg

1 Vervollständige die Sprechblasen.

2 Was würdest du in deiner Schule oder in deiner Klasse ändern?

3 Spielt den Reim als Texttheater.

Wir halten zusammen

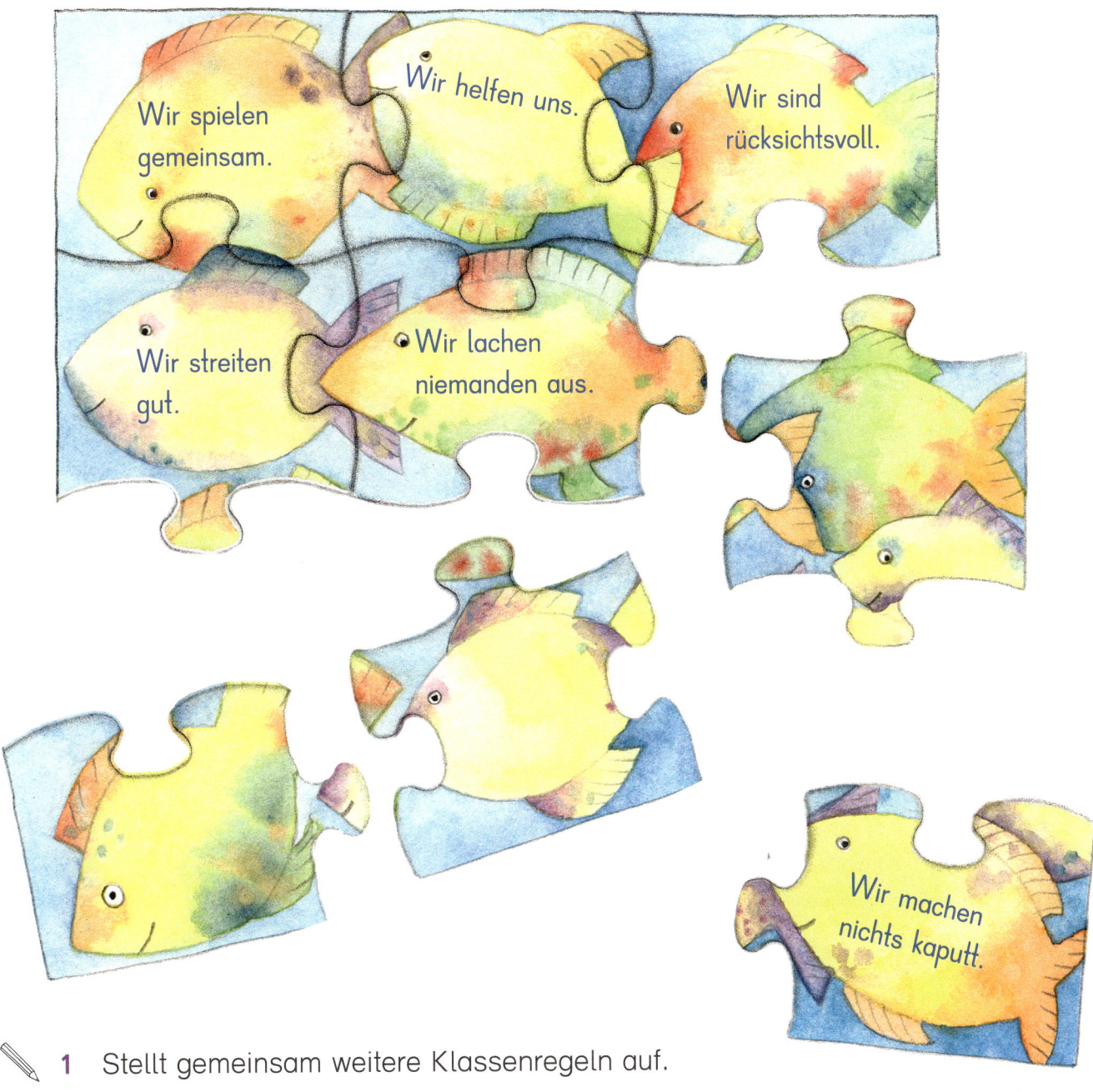

1. Stellt gemeinsam weitere Klassenregeln auf.
2. Für das Zusammenhalten ist jedes Puzzleteil wichtig. Was bedeutet das für eure Klasse?

Meine Schulklasse

Unser Kalender

In Computerprogrammen oder im Internet findet ihr Vorlagen für Kalender.

Bevor wir beginnen, planen wir:

1. Für wen gestalten wir den Kalender?
2. Wir sammeln Ideen für den Inhalt.
3. Wir legen den zeitlichen Ablauf fest.
4. Wir verteilen die Arbeit untereinander.
5. Wir bereiten das Format der Seiten vor und sammeln Material.
6. Wir wählen das passende Material aus und stellen es zusammen.
7. Wir bearbeiten, malen oder schneiden aus und bekleben die Vorlage.

8. Wir schauen uns unser Ergebnis an und sprechen über die Seiten.
   Was ist uns gut gelungen?
   Was müssen wir verbessern?
9. Wir fügen unseren Kalender zusammen, teilen auf, wer den Kalender kopiert, bindet und aufhängt.
10. Wir entscheiden,
    - wie wir den Kalender präsentieren,
    - ob wir ihn verschenken oder verkaufen,
    - wie teuer er sein soll,
    - was wir mit dem Geld machen.

Vergesst das Deckblatt nicht. Jedes Kind kann auch einen eigenen Kalender gestalten.

Unser Kalender

Voneinander

Wir feiern viele Feste im Jahr

1 Welche Feste erkennst du? Was weißt du darüber?

2 Welches Fest magst du besonders? Begründe.

3 Ein Fest hat keinen festen Platz. Erkläre.

Einblick gewinnen in die Bedeutung von religiös geprägten Festen und Zeiten
AH 2, Seite 18

Geburtstag feiern

1 Was gehört für dich zu einem tollen Kindergeburtstag?

2 Wen würdest du gerne einladen? Begründe.

3 Wenn du ein Fest vorbereitest, musst du an viele Dinge denken. Nenne einige davon.

Erntedank

Danke, liebe Sonne,
für deine warmen Sonnenstrahlen.
Du hast die Äpfel süß gemacht.

Danke, lieber Regen,
für deine vielen Tropfen.
Sie haben die Ähren wachsen lassen.

Danke, liebe Erde,
für deine guten Böden.
Sie haben den Pflanzen Lebenskraft geschenkt.

Danke

Das christliche Erntedankfest wird meist am ersten Sonntag im Oktober mit einem Gottesdienst gefeiert, für den die Kirche besonders geschmückt ist.

1 Was wird im Herbst geerntet?

2 Erzähle, was du selbst geerntet hast.

3 Über welche Früchte, die im Herbst reif werden, freuen sich die Tiere?

Einblick gewinnen in die Bedeutung von religiös geprägten Festen und Zeiten
AH 1, Seite 18; AH 2, Seite 19

Sankt Martin

Zum Vorlesen

Martin lebte vor langer Zeit.
Auf Wunsch seines Vaters
wurde er mit 15 Jahren Soldat.
Er trug einen Helm und einen
warmen Mantel wie alle Soldaten
des römischen Kaisers.

An einem kalten Wintertag zog Martin
seinen Mantel fest um die Schultern,
bevor er sich auf sein Pferd setzte.
Als Martin durch das Stadttor ritt,
erblickte er im dichten Schneetreiben
einen armen Mann, der zerschlissene
Kleider trug und entsetzlich fror.
Viele Menschen gingen achtlos
an ihm vorüber.

Martin aber zügelte sein Pferd.
Als er sein Schwert zog, erschrak
der Bettler. Martin teilte jedoch damit
seinen warmen Mantel und gab
eine Hälfte dem armen Mann.
Noch ehe dieser sich bedanken konnte,
ritt Martin glücklich davon.

1 Warum war Martin glücklich?

2 Was dachten die Leute, die achtlos vorübergingen?

3 Erkundige dich, wie bei euch das Martinsfest gefeiert wird.

4 Spielt diese Geschichte nach oder legt dazu ein Bodenbild.

Martinstag

Vom Teilen

Spielzeug teilen

Zeit teilen

Wissen teilen

Kummer teilen

Freude teilen

Arbeit teilen

1 Finde für jedes Bild die passende Wortkarte.

2 Was kannst du teilen?

3 Was würdest du nicht mit anderen teilen? Begründe.

Martinstag
AH 1, Seite 19

Wir feiern Advent

Zum Vorlesen

Das Wort Advent kommt aus der lateinischen Sprache und bedeutet so viel wie Erwartung oder Ankunft. Die Adventszeit beginnt am vierten Sonntag vor Weihnachten.

Längst haben die Bäume ihre Blätter verloren. Es ist kalt und manchmal fällt Schnee. Draußen wird es ganz früh dunkel.

Die Adventszeit ist die Zeit des Wartens auf Weihnachten. Warten fällt oft schwer. Es gibt deshalb viele Bräuche, die uns das Warten auf Weihnachten erleichtern.

1 Erzähle von den Bräuchen, die du kennst.

Ein Brauch ist etwas, das Menschen zu bestimmten Zeiten immer wieder tun. Zu Weihnachten stellen wir zum Beispiel jedes Jahr einen Weihnachtsbaum auf.

Zum Vorlesen

An langen Winterabenden
zünden wir die Adventskerzen an
und bereiten uns auf Weihnachten vor.
Die Kerzen bringen Licht in die Dunkelheit
und gelten als Zeichen der Hoffnung.

Der Adventskranz wird aus grünen Zweigen
gebunden. Mit dem Grün verbanden
die Menschen früher den Wunsch,
dass der Frühling wiederkommt.

2 Im Advent kann man vielerorts sehen und hören,
dass bald Weihnachten ist. Finde Beispiele.

3 Stell dir vor, du gehst über den Weihnachtsmarkt.
Was kannst du sehen, hören, riechen
und schmecken?

Einblick gewinnen in die Bedeutung von religiös geprägten Festen und Zeiten
AH 1, Seite 20; AH 2, Seite 20

Nikolaus – ein Freund der Kinder

Zum Vorlesen

Er muss ein besonderer Mensch gewesen sein,
der Bischof Nikolaus. Denn man erzählt sich
heute noch seine Geschichten.

Er lebte im vierten Jahrhundert in der Stadt Myra.
Seine Eltern hatten ihm großen Reichtum
hinterlassen. Darüber war Nikolaus sehr froh.
So konnte er vielen armen Menschen
davon abgeben und ihnen helfen,
wenn sie in Not waren.
Trotz seiner Berühmtheit
blieb er ein einfacher Mensch.

Ein Bischof trägt eine Bischofsmütze, die Mitra genannt wird, den Bischofsstab und ein Bischofsgewand.

Zum Vorlesen

Besonders kümmerte sich Nikolaus um die Kinder.
Davon erzählt folgende Geschichte:

In Myra lebte ein Mann mit seinen Kindern.
Er war sehr krank und konnte deshalb nicht arbeiten.
Die Vorräte waren aufgebraucht und die Familie hatte
nichts mehr zu essen und zum Anziehen.
Eines Morgens jedoch stand ein großer Sack vor ihrer Tür.
Der war gefüllt mit Brot und Mehl.
So brauchten sie nicht mehr zu hungern.
Gerne hätten sie sich bedankt.
Sie wussten aber nicht, wer ihnen
das Geschenk gebracht hatte.

Als die Kinder am nächsten Morgen das Haus
verlassen wollten, fanden sie wieder einen Sack.
Diesmal enthielt er Jacken, Hosen, Strümpfe und Hemden.
Endlich brauchten die Kinder nicht mehr ihre alten
zerschlissenen Kleider zu tragen, sondern besaßen
schöne, warme Sachen.

Wie freuten sie sich, als sie am dritten Tag erneut
einen großen Sack mit Schuhen vor ihrer Tür fanden.
Die Kinder jubelten. Nun mussten sie nicht mehr
barfuß durch die Stadt laufen.
Sogleich wollten sie die Schuhe anprobieren.
Aber sie kamen nicht hinein. In den Schuhen
steckten Äpfel, Nüsse und Süßigkeiten.

Wichteln
Schreibt die Namen der Kinder
eurer Klasse auf kleine Zettel,
die ihr anschließend lost.
Bereite dem Kind,
dessen Namen du gezogen hast,
heimlich eine kleine Freude.

1 Jemandem heimlich eine Freude zu bereiten
macht sehr viel Spaß. Probiert es beim Wichteln aus.

Einblick gewinnen in die Bedeutung von religiös geprägten Festen und Zeiten
AH 1, Seite 21

Die Weihnachtsgeschichte

1 Erzähle die Weihnachtsgeschichte nach.

2 Welche Stelle der Geschichte hat dich am meisten beeindruckt? Begründe.

Einblick gewinnen in die Bedeutung von religiös geprägten Festen und Zeiten
AH 1, Seite 22; AH 2, Seite 21

Silvester und Neujahr

Ich wünsche mir, dass ich gesund bleibe.

Was war schön im alten Jahr?

1 Frage deine Mitschüler, was sie sich für das neue Jahr wünschen.

2 Frage Eltern, Geschwister und Bekannte, ob sie sich etwas Besonderes für das neue Jahr vorgenommen haben.

3 Was nimmst du dir vor?

Silvester wurde 314 der erste Papst in Rom. Er ist der Patron für ein gutes neues Jahr.

Einblick gewinnen in die Bedeutung von religiös geprägten Festen und Zeiten
AH 2, Seite 22

Fasching

Zum Vorlesen

Prinzessinnen, Zauberer, Hexen und Piraten laufen durch die Stadt. Du hast es sicher längst erkannt. Es ist Fasching, Fastnacht oder Karneval. Die Menschen haben unterschiedliche Bezeichnungen für die närrische Zeit. Früher sehnten sich die Menschen während des langen und kalten Winters nach der Wärme des Frühlings. Sie glaubten, der Winter sei ein grimmiger alter Mann, der das ganze Land für immer in Schnee und Eis erstarren lässt. Um ihn zu vertreiben, setzten sich die Menschen grässliche Masken auf und machten viel Lärm. So sollte der Winter einen mächtigen Schrecken bekommen und davonlaufen.
Heute wissen wir, dass jeder Winter einmal zu Ende geht. Aber die Umzüge, das Verkleiden und ausgelassene Treiben lieben wir immer noch.

Fasching finde ich super toll.   Fasching mag ich gar nicht.

1. Verkleidest du dich gerne?
   Zeige es an den Masken. Begründe.

2. Welches Kostüm trägst du zu Fasching?

3. Wie fühlst du dich, wenn du dein Gesicht hinter einer Maske verstecken kannst?

Fasching

Die Natur erwacht

1 Betrachte das Bild. Erzähle, was sich im Frühling verändert.

2 Worüber freust du dich am meisten?

Ostern

Schon immer sehnten die Menschen
das Ende des Winters herbei.
Als endlich die Tage wieder länger wurden
und die Sonne ihre warmen Strahlen zur Erde schickte,
freuten sich die Menschen. Sie feierten ein Fest
zur Begrüßung des Frühlings – Ostern.
Für die Christen ist Ostern das höchste Fest.
Sie feiern die Auferstehung Jesu.

Ostern wird am Sonntag nach dem ersten Frühlingsvollmond gefeiert.

1 Erzähle, welche Osterbräuche du kennst.

Einblick gewinnen in die Bedeutung von religiös geprägten Festen und Zeiten
AH 1, Seite 24; AH 2, Seite 23

Wir in der Welt

Große Wunder

Ich weiß,
dass die Erde um die Sonne kreist,
dass die Erde manchmal bebt und Lava spuckt
und kann doch mit beiden Beinen
fest auf der Erde stehen.

Wenn ich was Dummes gemacht habe,
möchte ich vor Scham in die Erde sinken.
Aber wenn ich glücklich bin,
habe ich den Himmel auf Erden.

Rosemarie Künzler-Behncke

1 Betrachte die Erde von oben. Was entdeckst du?

2 Im Gedicht stecken Redewendungen. Finde sie.

3 Wann hast du den Himmel auf Erden?

Einblick gewinnen in das Wunderbare der Natur
AH 2, Seite 24

Kleine Wunder

Die Schmetterlinge benutzen
die Fühler als Nase.
Sie riechen
damit den Blütenduft.

Die großen Augen
auf den Flügeln
soll beim Aufklappen
die Feinde erschrecken.

Manche Schmetterlinge
schmecken mit den Füßen.
Sie finden heraus,
welche Pflanzen für
die Ei-Ablage geeignet sind
und ob die Raupenkinder
diese gerne fressen.

Die Flügel bestehen
aus tausenden von
kleinen Farbschuppen.

Mit dem langen Rüssel
saugen sie den Nektar
aus den Blüten.

Wusstest du,
dass Schmetterlinge
auch Ohren haben?

1 Was ist für dich ein **kleines Wunder**?
2 Worüber staunst du am meisten?

Einblick gewinnen in das Wunderbare der Natur
AH 2, Seite 25

Eine Welt zum Staunen

1 Überall kannst du Erstaunliches entdecken.
   Betrachte die Bilder. Erzähle.

2 Bringe etwas mit, an dem andere achtlos vorübergehen.
   Was ist das Erstaunliche daran?

Der Kreislauf des Lebens

1. Erzähle vom Lebenskreislauf der Sonnenblume.
   Wähle dir einen Anfang.

2. Könnte es einen anderen Anfang geben? Begründe.

3. Stell dir vor, du bist ein kleiner Sonnenblumenkern in der Erde.
   Spiele den Kreislauf nach.

Kennen der Veränderlichkeit der Natur
AH 2, Seite 26

Werden, Wachsen und Vergehen

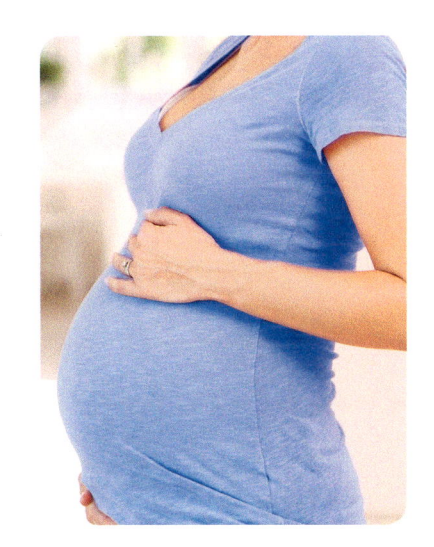

1 Wähle ein Lebewesen aus.
   Beschreibe sein Werden, Wachsen und Vergehen.

2 Stecke ein Samenkorn in die Erde.
   Beobachte die Entwicklung.

3 Was wünscht sich dein Samenkorn von dir?

Das Jahr genießen

Im Frühling

- dem Zwitschern der Vögel und dem Summen der Bienen lauschen
- ein Schneeglöckchen bestaunen
- die Wärme der Sonne auf der Haut spüren
- Sonnenblumenkerne in die Erde stecken
- Gänseblümchen kosten

Im Sommer

- einen Eiswürfel auf dem Bauch zerlaufen lassen
- Glühwürmchen bestaunen
- das Meer rauschen hören
- den Duft der wilden Rose schnuppern
- im Zelt übernachten
- Kirschkerne weitspucken

in einen frisch gepflückten Apfel beißen

Eiszapfen lutschen

Vogeljunge im Nest beobachten

im See baden

1 Ordne die Kärtchen den Jahreszeiten richtig zu.

Im Herbst

- die Blätter schweben lassen und damit rascheln
- Weintrauben naschen
- den Wind durch die Jacke pfeifen lassen
- Kastanienmännlein basteln
- Kürbissuppe kosten
- eine Ahornnase ankleben

Im Winter

- hören, wie der Schnee unter den Füßen knirscht
- Lebkuchen essen
- Eisblumen am Fenster entdecken
- Schneehöhlen bauen
- den Duft der gebrannten Mandeln riechen
- einen Schneemann bauen

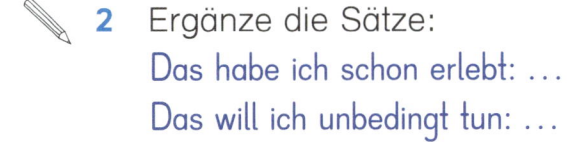

2 Ergänze die Sätze:
Das habe ich schon erlebt: …
Das will ich unbedingt tun: …

3 Stell eine Tätigkeit ohne Worte dar.
Lass deine Mitschüler raten.

Bäume leben

1 Entdecke die verschiedenen Aufgaben eines Baumes.

2 Finde weitere Gründe, dich vor einem Baum zu verneigen.

3 Ergänze: Ich verneige mich vor dem Baum, weil …

> Vor dem Baum,
> der Schatten gibt,
> soll man sich verneigen.
>
> *Asiatische Weisheit*

Sich positionieren zum Umgang mit der Natur
AH 2, Seite 27

Ein Riese warf einen Stein

Zum Vorlesen

Gänge und viele Zimmer stürzten ein.
Hunderte brachen ein Bein.
Zwei Dutzend brachen das Genick.
Andere hatten Glück.

Der Stein hatte wie eine Bombe eingeschlagen.
Zusammengebrochen ist das Werk vieler Wochen.
Doch schon rennen Tausende herbei.
Tote werden weggetragen.
Man zieht, zerrt, schleppt Trümmer,
baut neu: neue Gänge, neue Zimmer.

Doch im Getümmel hört man da und dort
einen sagen:
„Solch ein Lümmel!"
Wer war der Verbrecher? Wer?

Ein Junge.
Was dachte sich der? Nicht viel.
Er warf nur zum Spiel den Stein
auf den Ameisenhaufen.

Josef Guggenmos

---

1 Lies die Überschrift. Vermute, worum es geht.

2 Beurteile das Verhalten des Jungen.

3 Welche anderen **Riesen** kennst du?

4 Stell dir vor, du wärst eine Ameise.
Was würdest du zu dem Jungen sagen?

> In jedem Geschöpf der Natur lebt das Wunderbare.
> *Aristoteles*

Sich positionieren zum Umgang mit der Natur
AH 1, Seite 28; AH 2, Seite 28

Sonne, Mond und Sterne – ein Gespräch

Ich bin sehr wichtig für die Menschen, weil ich die Erde erwärme und erhelle. Ich lasse die Erdbeeren reifen und die Blumen erblühen.

Gib nicht so an! Ich leuchte nachts, wenn es dunkel auf der Erde ist. Erst durch mich wissen die Menschen, wie lang ein Monat ist. Manche Leute richten sich mit der Blumenpflege und mit dem Haareschneiden nach mir.

Streitet euch nicht, wer der Bessere ist. Wir sind alle wichtig. Ohne uns Sterne würden sich die Menschen in der Nacht verirren. Früher konnten die Seeleute durch uns ihre Fahrtrichtung bestimmen. Wenn die Menschen nachts wissen wollen, wo Norden ist, suchen sie den Polarstern.

1 Welche Bedeutung haben Sonne, Mond und Sterne für dich?
2 Wie wäre es, wenn die Sonne aufhören würde zu scheinen?

Einblick gewinnen in das Wunderbare der Natur
AH 2, Seite 29

Eine Reise zum Mond

Zum Vorlesen

Stell dir vor, du liegst mit geschlossenen Augen auf einer Wiese
unter einem Kirschbaum und lauschst dem Zwitschern der Vögel.

Plötzlich fliegt eine Sternschnuppe auf dich zu
und lädt dich zu einer Reise ins Weltall ein.
Du setzt dich auf ihren Schweif und spürst, wie leicht du wirst
und wie Wärme durch deinen Körper strömt.
Du fühlst dich wohl und bist gespannt auf die Abenteuer
mit Sonne, Mond und Sternen.

Schon bald hörst du wundersame Töne. Überall glitzert und funkelt es.
Du hast das Gefühl schwerelos inmitten der Sterne zu schweben.
Auf einmal muss die Sternschnuppe anhalten.
Von rechts kommt der „Große Wagen" gefahren.
Warum sitzt ein Löwe darin und hält eine Waage in der Pfote?
Verwundert schaust du ihm nach.
Du fühlst dich auf deiner Sternschnuppe sicher und geborgen.

In Lichtgeschwindigkeit bewegt ihr euch auf den Mond zu.
Du stellst dir vor, wie wohl der Mann im Mond aussehen wird.
Kraftvoll und stark strahlt der Mond das warme Licht von der Sonne zurück.
Im großen Bogen fliegt ihr auf seine Rückseite. Dort ist es sehr dunkel
und du spürst die Kälte. Du bist froh, dass ihr euch schnell zur Sonne hin bewegt.
Ihre Strahlen sind sehr heiß und ihr könnt euch nur vorsichtig nähern.
Aber ohne sie, das weißt du, wäre auf unserer Erde kein Leben möglich.

Du winkst der Sonne zum Abschied freundlich zu
und gibst deiner Sternschnuppe ein Zeichen für den Rückflug.
Sanft landest du auf der Wiese unter dem Kirschbaum.

1   Schließe die Augen und lausche der Geschichte.

2   Gestalte ein Bild zu deiner Mondreise.

Einblick gewinnen in das Wunderbare der Natur
AH 1, Seite 29

Sonnenwerkstatt

Solarenergie

trockene Erde

grüne Blätter

Waldbrand

Sonnenaufgang

Sonnenstich

1 Sprich mit einem Partner über die helle und die dunkle Seite der Sonne.

2 Finde weitere Beispiele.

Wie gut, dass es die Sonne gibt

Sie lässt die Sonnenblumen wachsen,
sie lässt die kleinsten Blüten blühn,
macht allen Menschen gute Laune,
wenn graue Wolken weiterziehn.

Sie wärmt das große blaue Meer
und schickt die Vögel auf die Reise,
weckt aus dem Schlaf den braunen Bär
auf ihre liebevolle Weise.

Sie hat die Erde grün gemacht
und wenn die süßen Früchte reifen,
denkt jeder, der das Leben liebt,
wie gut, dass es die Sonne gibt.

Sie kann den Regenbogen malen
und scheint in jedes Haus hinein,
wärmt uns mit ihren hellen Strahlen
und lässt die Herzen fröhlich sein.

Und brennt sie viel zu heiß,
dann hat das seinen Grund, wie jeder weiß.

Rolf Zuckowski

1 Bewegt euch passend zum Liedtext.
   Ihr könnt farbige Tücher verwenden.

2 Dichte weiter:
   Wie gut, dass es die Sonne gibt. Sie …

Sonnenwerkstatt

Meine Schätze

Natur · lernen · Herbst · Familie · Freunde · staunen · Gefühle · Geborgenheit

1 Lisa hat diese Schätze im Ethikunterricht gesammelt. Erzähle.

selten · alltäglich · geheimnisvoll · häufig · wertvoll

außergewöhnlich · kostbar · unwichtig · unbezahlbar

2 Überlegt gemeinsam, welche Wortkarten zum Begriff **Schatz** passen.

AH 1, Seite 30; AH 2, Seite 30

Quellennachweis

Texte

S. 6 Anne Steinwart: Ich, aus: Da haben Katzen gesungen. © 1992 Carlsen Verlag, Hamburg
S. 8 Text © Juliane Dauksch
S. 28 Text © Angela Sommer-Bodenburg
S. 48 Rosemarie Künzler-Behncke: Erde, aus: Hans-Joachim Gelberg (Hrsg.): Großer Ozean. © 1986 Beltz & Gelberg Verlag, Weinheim
S. 57 Josef Guggenmos: Ein Riese warf einen Stein, aus: Was denkt die Maus am Donnerstag? © 1998 Beltz & Gelberg in der Verlagsgruppe Beltz, Weinheim/Basel
S. 61 Zuckowski, Rolf: Wie gut, dass es die Sonne gibt, © MUSIK FÜR DICH Rolf Zuckowski OHG (Sikorski Musikverlage), Hamburg

Abbildungen

S. 4 Gabi Timm, Wilhelmshaven
S. 8 fotolia.com, New York (Jaimie Duplass)
S. 9.1 alamy images, Abingdon/Oxfordshire (Brian Mitchell); **9.2** Colourbox.com, Odense (Denys Kuvaiev); **9.3** Picture-Alliance GmbH, Frankfurt/M. (Fotoreport/Andreas Wrede)
S. 10.1 alamy images, Abingdon/Oxfordshire (E.D. Torial); **10.2** Colourbox.com, Odense (shock); **10.3** fotolia.com, New York (contrastwerkstatt); **10.4** Picture-Alliance GmbH, Frankfurt/M. (dpa)
S. 15.1 akg-images GmbH, Berlin (Erich Lessing); **15.2** Bridgeman Art Library Ltd., Berlin
S. 17.1 fotolia.com, New York (dubova); **17.2** Corbis, Berlin (Stockmarket); **17.3** iStockphoto.com, Calgary (monkeybusinessimage); **17.4** Picture-Alliance GmbH, Frankfurt/M. (Arco Images GmbH); **17.5** Wildlife Bildagentur GmbH, Hamburg
S. 19.1 Panther Media GmbH (panthermedia.net), München (Viktor Pravdica); **19.2** fotolia.com, New York (Valua Vitaly)
S. 22.1 alamy images, Abingdon/Oxfordshire (Julie g Woodhouse)
S. 23.1 (dpa), **23.2** (AP): Picture-Alliance GmbH, Frankfurt/M.; **23.3** (THE TRAVEL LIBRARY/Oldrich Karasek); **23.4** (Fritz Prenzel): INTERFOTO, München; **23.5** alamy images, Abingdon/Oxfordshire (BSIP SA)
S. 24.1 (Aleksei Potov); **24.2** (Woodapple): fotolia.com, New York
S. 25.1 Gabi Timm, Wilhelmshaven; **25.2** Picture-Alliance GmbH, Frankfurt/M.; **25.3** Silke Nitschel, Dresden; **25.4** Gabi Timm, Wilhelmshaven
S. 28.1 Gabi Timm, Wilhelmshaven; **28.2** Silke Nitschel, Dresden; **28.3-4** Gabi Timm, Wilhelmshaven
S. 37.1 Alina Vincent Photography, LLC, Sun Valley/Nevada; **37.2** F1online digitale Bildagentur GmbH, Frankfurt/M. (Juice Images); **37.3** (kolinko_tanya), **37.4** fotolia.com, New York
S. 38.1 Keystone Pressedienst, Hamburg; **38.2** fotolia.com, New York (Simone Andress); **38.3** Hans Tegen, Hambühren
S. 39.1 (StockPixstore), **39.2** (Bomix), **39.3** (VRD): fotolia.com, New York
S. 44.1 The Travel Library, Berlin (Andy Williams)
S. 45.1 laif, Köln (Thomas Ebert)
S. 47.1 (ChristArt), **47.2** (maus2105); **47.3** (wideonet), **47.4** (Joe Gough): fotolia.com, New York; **47.5** Shutterstock.com, New York (LiliGraphie); **47.6** fotolia.com, New York (bino1303/Steffen Rimane)
S. 50.1 TopicMedia Service, Putzbrunn (Kalden) **50.2** Silke Nitschel, Dresden; **50.3** Panther Media GmbH (panthermedia.net), München; **50.4** fotolia.com, New York (Malena und Philipp K); **50.5** OKAPIA KG, Frankfurt/M. (B. L. Kneer)
S. 51.1 Diane Rothe, Dippoldiswalde; **51.2** Corbis, Berlin (Craig Tuttle); **51.3** alamy images, Abingdon/Oxfordshire (Catchlight Visual Services); **51.4** Biosphoto, Berlin (Guet Jean-Luc); **51.5** OKAPIA KG, Frankfurt/M. (Photo Researchers)
S. 53.1 Diane Rothe, Dippoldiswalde; **53.2** fotolia.com, New York (Monkey Business); **53.3** Tierbildarchiv Angermayer, Holzkirchen; **53.4** fotolia.com, New York (pictonaut); **53.5** (Walz); **53.6** (Bühler) TopicMedia Service, Putzbrunn

Erarbeitet von

Birgit Groschupp
Silke Nitschel
Diane Rothe

Illustriert von

Yvonne Hoppe-Engbring

© 2015 Bildungshaus Schulbuchverlage
Westermann Schroedel Diesterweg Schöningh Winklers GmbH, Braunschweig
www.diesterweg.de

Das Werk und seine Teile sind urheberrechtlich geschützt. Jede Nutzung in anderen als den gesetzlich zugelassenen Fällen bedarf der vorherigen schriftlichen Einwilligung des Verlages. Hinweis zu § 52a UrhG: Weder das Werk noch seine Teile dürfen ohne Einwilligung gescannt und in ein Netzwerk eingestellt werden. Dies gilt auch für Intranets von Schulen und sonstigen Bildungseinrichtungen.

Druck A[1] / Jahr 2015
Alle Drucke der Serie A sind im Unterricht parallel verwendbar.

Redaktion: Kira Wagner, federfertig. Redaktionsbüro, Jever
Umschlaggestaltung und Layout: Druckreif! Annette Henko, Braunschweig
Umschlagillustration: Yvonne Hoppe-Engbring
Satz und technische Umsetzung: Druckreif! Annette Henko, Braunschweig
Druck und Bindung: westermann druck GmbH, Braunschweig

ISBN 978-3-425-**02380**-9